GRöLS Verlage

„Bücher sind wie Fallschirme. Sie nützen uns nichts, wenn wir sie nicht öffnen."

Gröls Verlag

Redaktionelle Hinweise und Impressum

Das vorliegende Werk wurde zugunsten der Authentizität sehr zurückhaltend bearbeitet. So wurden etwa ursprüngliche Rechtschreibfehler regelmäßig *nicht* behoben, denn kleine Unvollkommenheiten machen das Buch – wie im Übrigen den Menschen – erst authentisch. Mitunter wurden jedoch zum Beispiel Absätze behutsam neu getrennt, um den Lesefluss zu erleichtern.

Um die Texte zu rekonstruieren, werden antiquarische Bücher von Lesegeräten gescannt und dann durch eine Software lesbar gemacht. Der so entstandene Text wird von Menschen gegengelesen und korrigiert – hierbei treten auch Fehler auf. Wenn Sie ebenfalls antiquarische Texte einreichen möchten, finden Sie weitere Informationen auf www.groels.de

Viel Freude bei der Lektüre wünscht Ihnen das Team des Gröls-Verlags.

Adressen

Verleger: Hermann-Josef Gröls,

Im Borngrund 26, 61440 Oberursel

Externer Dienstleister für Distribution & Herstellung:

BoD, In de Tarpen 42, 22848 Norderstedt

Unsere „Edition | Werke der Weltliteratur“ hat den Anspruch, eine der größten und vollständigsten Sammlungen klassischer Literatur in deutscher Sprache zu werden. Nach und nach versammeln wir hier nicht nur die „üblichen Verdächtigen“ von Goethe bis Schiller, sondern auch Kleinode der vergangenen Jahrhunderte, die – zu Unrecht – drohen, in Vergessenheit zu geraten. Wir kultivieren und kuratieren damit einen der wertvollsten Bereiche der abendländischen Kultur. Kleine Auswahl:

Francis Bacon • Neues Organon • **Balzac** • Glanz und Elend der Kurtisanen • **Joachim H. Campe** • Robinson der Jüngere • **Dante Alighieri** • Die Göttliche Komödie • **Daniel Defoe** • Robinson Crusoe • **Charles Dickens** • Oliver Twist • **Denis Diderot** • Jacques der Fatalist • **Fjodor Dostojewski** • Schuld und Sühne • **Arthur Conan Doyle** • Der Hund von Baskerville • **Marie von Ebner-Eschenbach** • Das Gemeindekind • **Elisabeth von Österreich** • Das Poetische Tagebuch • **Friedrich Engels** • Die Lage der arbeitenden Klasse • **Ludwig Feuerbach** • Das Wesen des Christentums • **Johann G. Fichte** • Reden an die deutsche Nation • **Fitzgerald** • Zärtlich ist die Nacht • **Flaubert** • Madame Bovary • **Gorch Fock** • Seefahrt ist not! • **Theodor Fontane** • Effi Briest • **Robert Musil** • Über die Dummheit • **Edgar Wallace** • Der Frosch mit der Maske • **Jakob Wassermann** • Der Fall Maurizius • **Oscar Wilde** • Das Bildnis des Dorian Grey • **Émile Zola** • Germinal • **Stefan Zweig** • Schachnovelle • **Hugo von Hofmannsthal** • Der Tor und der Tod • **Anton Tschechow** • Ein Heiratsantrag • **Arthur Schnitzler** • Reigen • **Friedrich Schiller** • Kabale und Liebe • **Nicolo Machiavelli** • Der Fürst • **Gotthold E. Lessing** • Nathan der Weise • **Augustinus** • Die Bekenntnisse des heiligen Augustinus • **Marcus Aurelius** • Selbstbetrachtungen • **Charles Baudelaire** • Die Blumen des Bösen • **Harriett Stowe** • Onkel Toms Hütte • **Walter Benjamin** • Deutsche Menschen • **Hugo Bettauer** • Die Stadt ohne Juden • **Lewis Caroll** • *und viele mehr….*

Walter Benjamin

Sonette

Wenn aber stirbt alsdann,
An dem am meisten
Die Schönheit hing, daß an der Gestalt
Ein Wunder war, und die Himmlischen gedeutet
Auf ihn, und wenn, ein Rätsel ewig für einander,
Sie sich nicht fassen können
Einander, die zusammen lebten
Im Gedächtnis, und nicht den Sand nur oder
Die Weiden es hinweg nimmt und die Tempel
Ergreift, wenn die Ehre
Des Halbgotts und der Seinen
Verweht und selber sein Angesicht
Der Höchste wendet
Darob, daß nirgend ein
Unsterbliches am Himmel zu sehn ist oder
Auf grüner Erde, was ist dies?

Hölderlin

1

Enthebe mich der Zeit der du entschwunden
Und löse mir von innen deine Nähe
Wie rote Rosen in den Dämmerstunden
Sich lösen aus der Dinge lauer Ehe

Wahrhaftge Huldigkeit und bittre Stimme
Entbehr ich heiter und der Lippen Röte
Die überbrannt war von der schwarzen Glimme
Des Haares purpurn schattend Stirn der Nöte

Und auch das Abbild mag sich mir versagen
Von Zorn und Loben wie du sie mir botest
Des Gangs in dem du herzoglich getragen

Die Fahne deren Sinnbild du erlotest
Wenn nur in mir du deinen heilgen Namen
Bildlos errichtest wie unendlich Amen.

2

Hättst du der Welt dein Sterben prophezeit
Natur wär dir vorangeeilt im Tode
Kehrte mit unerbittlichem Gebote
Das Sein in ewige Vergessenheit

Am Himmel ständen sanfte Morgenrote
Zur Stunde da hinglitt dein Körperkleid
Die Wälder färbte alle schwarzes Leid
Nacht überzog das Meer auf leisem Boote

Aus Sternen bildet namenlose Trauer
Das Denkmal deines Blicks am Himmelsbogen
Und Finsternis verwehrt mit dichter Mauer

Des neuen Frühlings Licht heraufgezogen
Die Jahrzeit sieht im stillen Stand der Sterne
Aus deines Todes spiegelnder Zisterne.

3

Du selige Geburt wie tief verschwiegen
Entstieg ich ihm und war zur Stund bestimmt
Zu sein wie Nacht die ihm im Auge glimmt
Dem Leisesten auf weiten Himmelsstiegen

Der Strahl zu sein den er im Blick vernimmt
An welchem glücklich Ungeborne liegen
Mich inniger der Wange anzuschmiegen
Die im Azur als glühe Wolke schwimmt

Geschrieben stand daß nimmer sich beschwinge
Mein Mund wenn nicht in seinem Lied er stiege
Mein Haupt war nur ein letztes in dem Ringe

Der lodernd säumte mit Gebet die Wiege
Wie ist geschehen daß er mir entschwand
Führt meinen jungen Tod auf seiner Hand.

4

Es waren seine Blicke im Erwachen
Mein einzig Leuchten auf den irren Fährten
Und seiner Augen Sterne sie gewährten
Den einzgen Schein in meinen Schlafgemachen

Nun sind dahingegangen die Gefährten
Die stummen Spiegel allen Geistes brachen
In diesen Himmeln die ihr feuchtes Lachen
Mit jedem Morgen seliger verklärten

Noch wenn sie weinten standen sie wie Lachen
Die sich im Fall der schweren Tropfen nährten
Und länger duften als die Regen währten

Und aus der Fülle ihrer Tränen sprachen
Die Dinge denen Namen noch gebrachen
Auf solche Art wie Blätter in den Gärten.

5

Du nie mehr klingende die in die Schwüle
Der grünen Hänge tauend niederschlug
In ihren Flügeln Windessingen trug
Dich machte stumm der Engel der Gefühle

O Stimme der mit seiner Hand erhub
Dein Atmen in die ewig klare Kühle
Wo deine Quelle nun am selgen Bühle
Jubelnden Mut verströmt nach Gottes Fug

Erwachet Vogelsang am grauen Morgen
Und fragt nach der Geliebten Aufenthalt
Er ahnt dich in dem stillen Licht geborgen

Das jugendlich die Buchen überwallt
Bis Mittag wo dein Wort dereinst geweilt
Den Leib der Stummen bricht den Stunden teilt.

6

Da schon im hohen Schmerzensmeer verloren
Die Woge deines Lebens rollt vergib
Das scheue Lied das sehr verlaßne Lieb
Verschüttet aus dem leisen Mund der Toren

Das im vergeßnen Finster als ein Dieb
An Schlüften des Gebirgs das dich geboren
Zur Zinne irret ob die tauben Ohren
Dein Wehn erlauscheten im Windestrieb

Weinend daß dereinst du zur gütgen Stunde
Dich neigest seinem Reim und wehen Glanz
Ihm leihst vom Sänge aus dem heißen Munde

Da du noch flochtest herber Strophen Kranz
Eh den entblätterten aus bleichen Wogen
Der Totengott ins schwarze Haar gebogen.

7

Wie soll mich dieses Tages Glänzen freuen
Wenn du nicht mit mir in die Wälder trittst
Wo Sonne in den schwarzen Ästen blitzt
Die konnte einst dein tiefer Blick erneuen

Indes der Lehre Wort dein Finger ritzt
In meines Denkens Tafel die in Treuen
Die Zeichen wahrte – und den Blick den scheuen
Erhebe ich doch wach am Wegrand sitzt

Der Tod statt deiner und ich bin im Walde
Verlassener als Busch und Baum zur Nacht
Ein Wind fährt über die entblößte Halde

Des Mittags Helle die mich jäh umfacht
Scheint vom gewölbten Himmel tiefer blauer
Wie eines rätselvollen Auges Trauer.

8

Mein Leben sieh in deinem Schutz erlichtet
Der schon bereit aus Liebe zu gewähren
Als deine Mutter litt dich zu gebären
Da war der Geist der sich in ihr verdichtet

Derselbe der in sommerlichen Ähren
Die Schöne seines Hauptes schwarz errichtet
Des bittre Stimme winters mich bezichtet
Vor dessen Anblick fließen meine Zähren

In deinen Leib mein Lieben ist gemeißelt
Und alle Wesen sind darin beseelet
Die vor dir stehen Kind die unverhehlet

Aus Wunden bluten die die Welt gegeißelt
Mir aber ist balsamischer gewesen
Als Balsam du aus welchem sie genesen.

9

Verließe Nacht das innere Gemäuer
Das euch verweilt zu lindem Aufenthalt
Den blinden Bann zersprengte die Gestalt
Euch winkt dem Gruße der Verblichnen teuer

Und Blumen springen auf im braunen Wald
Darinnen lodert das beseelte Feuer
Der Angst entfliegend aller Tage neuer
Unsterblichkeit ums Haupt Gewölke ballt

Auf feuchter Aue euer Antlitz breitet
Für Helden Ruhe die sich süß verschwärmten
Wo die beflügelte Erinnrung schreitet

Die Dunkelheit den lauschenden Verhärmten
Die Melodie versinkt im Blau gespiegelt
Doch näher Land vom Morgenrot entsiegelt.

10

Wenn mich besuchtest du in meinem Leben
Es wird für dich nur leichte Mühe sein
Als trätest du wie einst ins Zimmer ein
Die nahe Schwelle winkt dir still und eben

Da wagte ich das Wort: o wär ich dein
Und also innig ward dir umgegeben
Mein Dasein gleich den leichtesten Geweben
Daß du's gewährtest denn du bliebst allein

Nur Raum ist um dich für ein Volk geworden
Seit du um dich die letzte Sehnsucht stillst
In einen Puls verschmelzen Süd und Norden

Und alles ist geschehen wie du willst
Mich suchst du nicht um dich nicht will ich weinen
Vor deinen Schein vergangen ist mein Scheinen.

11

Einst war die weiße Stadt von seinen Schritten
Wie Sang erfüllt in ihren Fenstern starb
Sein Blick gespiegelt und das Aug verbarg
Vor ihm der Tag in stumpfer Himmel Mitten

Die sengend hingen über altem Park
Wo ihn im Wellenschlag gewährter Bitten
Schlummer umfloß des grüne Flut entglitten
Dem Born der Sonnen als ihn heimlich stark

Engel entrückten in die fernsten Länder
Verschneiter Berge wo der Freundin Atem
Hernieder wehte linnene Gewänder

Den Knaben hüllten schimmernder Granaten
Gebüsch sich beugte übers müde Haupt
Vom Strahle ewgen Monds die Stirn umlaubt.

12

Einst wird von dem Gedenken und Vergessen
Nichts bleiben als ein Lied an seiner Wiege
Das nichts verriete und das nichts verschwiege
Wortloses Lied das Worte nicht ermessen

Ein Lied das aus dem Grund der Seele stiege
Wie aus der Erde Winden und die Kressen
Wie Stimmen in den Orgelton der Messen
In dieses Lied sich unser Hoffen schmiege

Kein Trost kann außer diesem Liede leben
Und keine Traurigkeit fern von dem Lied
Darin sind Stern und Tier wie in Geweben

Und Tod und Freunde ohne Unterschied
In diesem Liede lebt ein jedes Ding
Dieweil der Schritt des Schönsten in ihm ging.

13

Zu spät erwachte unser müdes Schauen
Da Abendwolken purpurn schon beschatten
Das Sinken jener Stirn die ohn Ermatten
Umworben unser zagendes Vertrauen

So muß sich Andacht mit dem Tode gatten
Der trägt sie auf verschwiegner Fahrt den grauen
Wildnissen zu und blassen Lorbeerauen
Den Wassern welche in den leisen glatten

Wellen sein Wort sich singen und Gedanken
Dort überhängend sieht am Wolkensaum
Die Waage des Gerichts er sonder Schwanken

Zu ihm geneigt indessen seinen Traum
Die flehenden Gedächtnisse bewegen
Der nimmermehr sie stillt mit Trost noch Segen.

14

Ich bin im Bunde mit der alten Nacht
Und wurde alt von ihr nicht unterschieden
Hat Traurigkeit im Herzen ohne Frieden
Die Herdstatt ihrer Schatten angefacht

Was so entfernte Not zu Einer macht
Die sonnenlose irdische hienieden
Und mein Verfinstern das der Freund gemieden
Das habe ich im Wachen oft bedacht

In solcher Nacht ist Schlafen mehr denn selten
Dem Schlummerlosen schenkt sie ihre Helle
Die könnte nicht für Tag den Menschen gelten

Und doch bestrahlt sie seine wahren Welten
Kein andres Licht blüht ja auf seiner Schwelle
Erinnerung sein Mond und sein Geselle.

15

Die Jahre sind nun nicht mehr wie die Wogen
Wenn sie das Meerschiff senken oder heben
Ich bin der Steuermann am ruhigen Leben
Des Schiffes Segelwald hat mich betrogen

Ich habe ihn am Tage eingezogen
Als sich der gute Wind in ihm gegeben
Die weite Fläche ward unnennbar eben
Und hat Vergangnes unter mir erwogen

Die Spiegelwelt in ihren blassen Farben
Erging sich im Verwandeln ohne Lust
Ich wendete mich nieder zu dem Blust

Und fahndete in seinen feuchten Garben
Erinnerungen nach die bald verdarben
Im Wellenbild des blendenden August.

16

Die um dich klagen den Zeilen von Sehnsucht und Leid
Schenke das silberne Maß und des Geistes Erwarten
Wie Erwarten reifender Frucht dem Baume im Garten
Wie Winters Erwarten der herbstlichen Traurigkeit

Und dem trägen Vergessen unabwendbarem harten
Gib Schlaf du Erbarmer in sinkender Zeit
Und lege die Hand die der Tod dir geweiht
Auf weinende Augen zum Teppich der zarten

Und wecke den Morgen mit deinem Gewissen
Und wiege den Mittag auf deinem Arm
Und heile die Stimme von Tränen zerrissen

Und wehre dem bösen und lästernden Harm
Und lebe im Innern von Stunde zu Stunde
Empfangend der Seele verzehrende Funde.

17

Die Harfe hängt im Wind sie kann nicht wehren
Daß deines Todes Hauch die Saiten rührt
Der in den Herzen große Feuer schürt
Und Wellen lächeln macht auf hohen Meeren

Zur frühen Stunde da du mich entführt
Gedenkst du noch der silbernen Galeeren
Des glühenden Gespräches eh in Schären
Die feuchten Dünste deine Stirn berührt

Kann nun verwehter Hauch dich noch erreichen
Da schon die Wolke deinen Blick umfängt
Und lauschst du noch dem trauervollen Zeichen

Das sich im nächtgen Winde zu dir drängt
Den Klang vernimmst du den ersterbend warfen
Im letzten Schmerz zerspringend meine Harfen.

18

In seine Hände mocht ich meine Stunden
Wie Knospen schütten die um ihn erblühn
Gedachte mit des Schweigens Immergrün
Die Stirn zu schirmen die Gesänge runden

Ihm sollte meines Armes Schwertschlag glühn
Im Kampfe der gebenedeiten Wunden
Wo sich Verrat auf seinen Pfad gewunden
Mein Warnen sollte wie Fanfaren sprühn

Ich wollte Schild sein dem erwählten Ritter
Daß er durch helle Wälder müßig streife
Sein Bote war mein Mund der süßt was bitter

Weht atmend daß ihn Winter nicht bereife
Dies alles tat er mir nicht ich tat's ihm
Zu Füßen liegt er nun gelöst den Riem.

19

Nur eine Stunde hat der Geist geweiht
In seinem Namen wenn die ernsten Frühen
Mit ihrem Licht den Osten übersprühen
Und regen Winden Venus gibt Bescheid

Dann tauchet aus den Händen sonder Mühen
Der dunklen Röte stumme Heiterkeit
Und ein verfrühter Strahl der jüngsten Zeit
Steht in den Augen welche nicht mehr glühen

Die werden uns den Morgen nie entzünden
Der um die Dächer allzuhelle kragt
Zur Stunde nur steigt aus den Blumengründen

Erwachter West der seine Schwinge wagt
Und von dem Duft der Hyazinthen trunken
Den Flüchtenden verfolgt der schon versunken.

20

Vergängnis bebt in den Beseelten allen
Wie Tanz verblieb im Herz des Tänzers stet
Ob auch die Geige schwieg zur Heimkehr spät
Begleiten Wolken ihn in Wälderhallen

Vernehmt zur Einkehr aller Wesen lädt
Sein Tod der wächst gleich ästigen Korallen
Den unermeßnen Nächten zu Gefallen
Ist er erwählt zum köstlichen Gerät:

Das Szepter Seliger die nicht ermüden
Der Leib den nicht mehr Zeitlichkeit zerbricht
Ist wie das Kreuz das Sterne über Süden

Gezeichnet haben als ein Maß und Richt
So halten ihn die Götter nun in Händen
Weil der verlacht wird den sie lebend senden.

21

Als mich die Stimme rief die nächtens spricht
Ward ich wie Sterbende ins Schiff entrissen
In Segeln meinen trügerischen Kissen
Verwähnte ich geborgen mein Gesicht

Vor ihm der kommt im Wind und kommt mit Wissen
Die schwarze Woge netzt ihn sicher nicht
Er birgt in seiner Brust das bloße Licht
Das ihm verliehen aus den Finsternissen

Die über Nacht um meine Seele werben
Wenn sich die träge vor dem Herren ziert
Und sich allabendlich ins Nichts verliert

In solcher Zeit soll sie um ihn verderben
Jedoch aus ihm der ihren Tag gebiert
Ist sie erwacht und wußte sich im Sterben.

22

Ihr meine Lippen wollt euch stumm erzeigen
Und ungeheilt verharschen? o der Wunde
Die nie mehr purpurn wie zur Schwertesstunde
Sich öffnet lasset denn ins Schwert mich steigen

Will Klage ohne Maß aus meinem Munde
Sich nicht mehr schütten der dem Freunde eigen
So ward vorm Tode heillos auch das Schweigen
Mit seinem Sein ist ja mein Schmerz im Bunde

Nicht ehe späte eh gereifte Frühe
Aus seinen jungen Jahren überflutet
Und seiner Sterbestunde leichte Mühe

Weltmorgen rötet weil er von ihr blutet
Wird meiner Schmerzen hohe Flut gestillt
Zum ebnen Meer des Aufgangs Spiegelbild.

23

Nun ist der Schleier weggezogen
Ich blicke so ins Herz der Welt
Wie wir nicht sollen Unverstellt
Sah ich das Feuer darin wogen

Da mich vom Widerschein umflogen
Die ewige Flamme die erhellt
Mit einem kühlen Hauch befällt
Fühl ich mich innerlich betrogen

Ich war versunken anzuschauen
Ein Feuer das sich selbst verhüllt
Das Weltall unter seinen Brauen

Mein Schicksal hat sich nicht erfüllt
Geblendet droh ich zu vergessen
Sein Leben das mir zugemessen.

24

Uns jüngsten Tages wird der Gott entfachen
Goldnes Gespräch erneut darin die Dinge
Sich flüsternden Geräts auf Silberschwinge
Begegenen wie Losruf treuer Wachen

Dichtender Schweigsamkeit verwehrtem Ringe
Der brüderlichen Ahnung Lippen sprachen
Nächtigt in Schluchten des Olympos Lachen
Betenden Scherz darin das All erklinge

Noch Worte in den gleichen Schalen schwankten
Die spät Vertrauen auf den Händen stillte
Vor nahen Todesmalen am erkrankten

Lüsternen Fluche stürzen die Gebilde
Weil frühe Sterne überm Haupte glimmen
Und Eros' Traubenmund in unsern Stimmen.

25

Dies eingeschnitten rosigem Karneole
Erblickt ich dessen Härte nicht ertrüge
Das laute Sagen eine Flucht nein Flüge
Von Wagenlenkern Rossen welches hole

Den Ölzweig und im Kampf die Brüder schlüge
Die Kehr die strahlig gleich der Aureole
Aufglüht im Steine daß sich wiederhole
Die Palmenbahn trug Sommer im Gefüge

So kenn ich andern Kampf der streng in Zucht hält
Mein Tod und Leben sind die Renner beide
Und dies der Preis aus dem ein tiefer Duft fällt

Daß nie mein Tod ganz sonder Süße leide
Mein schneller Herbst der heimlich auf der Flucht hält
Du bist der Herr und Knabe der die Frucht hält.

26

Der jungen Ewigkeit geliebte Kinder
Hat Tod in seine Wälder fortgetragen
Staunender lag ihr Auge aufgeschlagen
In beiden gleichen Blicken welche linder

Als je erglühten in sterblichen Tagen
Weil Lieb demütig schwieg ob mehr ob minder
Im einen oder andern Überwinder
Irdischer Angst trug des Gesanges Wagen

Leid hing hernieder als gereifte Frucht
Von allen Zweigen über die Erinnern
Hinhauchte der genoßnen Küsse Duft

Und waffenlose Engel vor dem Innern
Des Gartens hielten neuem Paradies
In das die freudenvolle Andacht wies.

27

Wie große Winde segelschwellend warm
Ziehn durch die Lande hin die Feiertage
Die Kinder spielen durch die hellen Hage
Und Mahd hält Todes unermüdter Arm

Du arme Sehnsucht wo erklingt die Sage
Von den Gefeierten der Glockenschwarm
Wen fugt er frühe und der Kinder Harm
Wer stillt ihn und die gelle Totenklage

Da die Gefeierten und die Geliebten
Die Sehenden und die Erbarmenden
Geschieden sind im abendlich getrübten

Licht glitten hin die sich Umarmenden
Zum Hades wo der Seele Ort bereitet
Vor ihrem Blick der glüht und der geleitet.

28

So leis verläßt uns nicht der goldne Mond
Wenn ihn die erste Morgenwolke säumt
So sanft nicht Woge überm Strande bäumt
Nicht Westwind so mit lauem Munde lohnt

Den Wipfel der Zypresse und es träumt
Inniger atmend nicht die Braut gewohnt
Als in der blinden Mitternacht die thront
Dies schwüle Leben euer Haupt geräumt

Die ohne Leid und Säumnis ihr den Gang
Den längst erlosten rietet früh im Glück
Noch zu beginnen der euch je gelang

Nie überlegen Lied und Freund zurück
Wie Wandrer der am nahen Hügel ruht
Entferntes schaut weil langer Schlaf ihn lud.

29

Du Schlummernder doch Leuchte des Erwachens
Trauriger du doch der Betrübten Tröster
Verstummter dennoch Jubelruf Erlöster
Weinender du heilender Gott des Lachens

Geleit der Einsamen du selbst ein größter
Verlassener am Rand des Todesnachens
Der Liebe keuscher Herr und Rauschentfachens
Bote der Schönheit du in Not entblößter

Engel des Friedens den das Schwert zerschnitten
Blühendes Kind des Todes Spielgeselle
Retter der winkt aus der Vernichtung Mitten

Beter vertrieben von der tauben Schwelle
Ergreister Götter Bringer neuer Huld
Sei Heiland du und Löser unsrer Schuld.

30

Entstiege deine Hand zum letztenmale
Dem Grab und neigte sich zu meinem Worte
Sieh dann erblühte wohl der schon verdorrte
Mein Sang und Tränen sprengten ihre Schale

In deiner Hände freudenvolle Orte
Drängten des Liedes farbige Fanale
Wie Falter aus dem abgeblühten Tale
Der Seele steigen die des Südens Horte

Sehnsüchtig suchen immer wieder wagen
Sie ihren Flug der sie ins Irre führt
Aus Hoffnung zu den späten Sommertagen

Wo dunkler Blumen Saft im Kelche schürt
Vielleicht ersteht noch rot empor gewendet
Ein Asternkelch der keinen Duft mehr spendet.

31

Von Sonne lauter eine Zeit wird sein
Wir Lauschenden erkennen sie am Sang
Der heißen Winde und am Überschwang
Des Sturms in dem sich Schmetterlinge frein

An langen Tagen wird uns nicht mehr bang
Um Schwestern im verweilenden Verein
Auftaucht kein Abend überm schwarzen Rain
Und Herbst und Winter haben keinen Gang

Es weiß der Boden selbst von seinem Schritt
Nicht mehr und von der Stimme sein die Luft
Sein Name keinem Freundesmund entglitt

Und nie mehr Liebende dem Schläfer ruft
Der in den veilchenfarbenen Gewanden
Um Mittag bei uns war und auferstanden.

32

Mir wahrt der Tag aus seinem Licht die Gnade
Der letzten Stunde die mit Gold verbrämt
Den Saum der Wolke wenn sich müd gegrämt
Verlassene Erinnerung zum Bade

Der hellen Wasser beuget sich verschämt
Der Geist am Weiher wo die braunen Pfade
Von Freundestritten führen in die grade
Unendlichkeit die meine Sinne lähmt

Und ich erkenne den bereiten Ort
Mein Fuß hält ein das Gras soll unversehrt
Der Boden heil verbleiben mich belehrt

Der schräge Strahl der Sonne welche dort
Dem Horizonte ihre Glut beschert:
Der Tag verscheidet mir erscheint mein Hort.

33

In Gott eröffne ich mein Testament
Und hinterlasse meiner Tochter Liebe
Wenn meine Zeit verronnen wie im Siebe
Wasser verrinnt wie Reisig niederbrennt

Hier dieses Buch das sie von jung auf kennt
Warum ich es bis in den Tod verschiebe
Ihr auszuliefern was ihr ewig bliebe
Hat diesen Grund: wenn uns die Stunde trennt

Mein Leib verfällt von Sehnsucht aufgezehrt
Dies überdauert dessen Blätter Reben
Verschließen die kein Wachstum je vermehrt

Dann will ich es im Sterben übergeben
An meine Tochter Liebe die es wert
Daß jubelnd sie's erkenne als sein Leben.

34

Ich saß am Abend über mich gebeugt
Und um mich regte sich dein süßes Leben
Der Spiegel meines Geistes blickte eben
Als hättest du aus seinem Grund geäugt

Da dachte ich von dir bin ich gesäugt
In deinen Atem will ich mich ergeben
Denn deine Lippen hangen wie die Reben
Und haben stumm vom Innersten gezeugt

Es ist mein Freund dein Dasein mir entwunden
Ich taste wie der Schläfer nach dem Kranz
Im eignen Haar nach dir in dunklen Stunden

Doch war dein Mantel einmal wie im Tanz
Um mich getan und aus dem schwarzen Rund
Dein Antlitz riß den Odem mir vom Mund.

35

Ob ich den Freund so fragtest du mich liebe?
Also erlösend was sich jahrlang staute
In deiner Stimme welcher ich vertraute
Ihr Hauch zerschmelzte das Kristall der Triebe

In meiner Tränen wolkiges Geschiebe
Ihr Wort verwandelte die Brust zur Laute
Die unter deiner süßen Frage taute
Verstohlnes Ja daran ward ich zum Diebe

Doch meiner Lippe im Bekennen träge
Harrte ein Meister der sie besser präge
Die Hand die zagt ob sie dem Freund sich schenkt

Hat er ergriffen der sie härter lenkt
Daß sie das Herz das liebte im Geheimen
Nun aller Welt verschütten muß in Reimen.

36

Wie flammte dieser Tage Hauch von Würzen
Die über dir geliebte Stadt erwachten
Und spät erst in Gewässern und in Schachten
Verglühend sanken hinter Giebelstürzen

Wenn über deinem grünen Mittag lachten
Die Schläge die einander nie verkürzen
Der Stunden so die Münsterglocken schürzen
Kam Rasten nach die Stadt begann das Nachten

Da schwieg das Laub und sang der Wein im Kelche
In Reden flüstert noch des Flusses Rauschen
Beim Freund wacht Freundschaft die nicht forschet welche

Gefühle leiser im Geliebten tauschen
Denn von der offnen Lippe weht sie fort
Das nächtlich haust bei Liebenden das Wort.

37

Uns wird die Stadt noch einmal eigen sein
Denn alles selge Glück ist Wiederkommen
Und wird wie Echo eines Walds vernommen
Dem viele Klüfte ihre Stimme leihn

Und dichte Stämme wurzelnd im Verein
Der klaren Bäche die den Wipfeln frommen
Dort fangen Äste die wie Kerzen glommen
Den äußern Tag um unsre Stirnen ein

Und es ermißt das Auge Schaft an Schaft
Erspäht im Laub das glimmende Gesicht
In bunten Scheiben brach sich solches Licht

Aus Krypten ragte so der Säule Kraft
Dort stand die Sonne im Zenit so finster
Und es ist wieder Mittag in dem Münster.

38

Märkische Stadt und Marken sind verblaßt
Das Schneegeriesel trieb dich um du lebtest
Im Geist verschwiegen und im Worte bebtest
Wie Kiefernwipfel du die Frost erfaßt

Der Havelsee den du im Fliehn bewegtest
Betrachtete dein Abbild in dem Glast
Der hohen Fürstenstufen schwache Last
Schreitend im Stürzen Schub du niederlegtest –

Ein nördliches Gestirn war aufgestiegen
Am Sommertag den wir allein erkannten
Die Täler schwiegen in gewohnten Riegen

Geklärte Kuppen schwarz im Abend brannten
Das losch im dichten Haare dir versinkend
Und glimmt im Winter zauberischer winkend.

39

Wir Frühesten sind doch zu spät geflohn
Das Nahen zu ertragen vom Gericht
Vergingen unsre Kniee im Gewicht
Gefällt zu werden in der Prozession

Wir lebten damals wie im Pavillon
Und hatten miteinander *ein* Gesicht
Wir nannten in dem Fenster gleiches Licht
Die Abendröte und das Morgenlohn

Wir alle liebten *einen* unabwendlich
In dessen Liebe sich ein jedes wagte
Weil er ihm ferne hielt was schwach und schändlich

War unser Glück fast ausgereift und ländlich
Als ihn dahingerafft was uns verklagte
Und eine Welt entdeckte schlecht und endlich.

40

Ich habe mich der Stunde heut entsonnen
Und auch das Lager fiel mir wieder bei
Auf dem mich fand vom Traume kaum erst frei
Der Horizont von Röte überronnen

Im Fenster stand die Dämmerung wie Blei
Von einem Tag der ehe er begonnen
Im Schlummer mir das Leben abgewonnen
In dunkler Brust riß er mein Herz entzwei

Und macht sich aus dem Staube dieser Zeit
Verblichen war der unheilvolle Morgen
Am Mittagshimmel welcher das Geleit

Bespiegelte in dem wir ihn geborgen
Der trübe Abend sprach mit Deutlichkeit
Von nun an muß dein Glück vom frühern borgen.

41

Höre Seele höre deiner harrt
Ein Tisch wie noch keinem bereitet ward
Einst läßt du dich sicher daran nieder
Mehr als ein Lager löset die Glieder

Der Schemel ist sein Holz auch hart
Dich entblößt der Gegenwart
Undurchsichtiges Gefieder
Abwärts blätternd hin und wieder

Was erfüllt dich aber ein
Duft der deinen Odem bauschet?
Deines Freundes voll wird sein

Auf dem Tisch der Becher Wein
Der dein Leben so berauschet
Daß es mit dem Tode tauschet.

42

Die Stunden welche die Gestalt enthalten
Sind in dem Haus des Traumes abgelaufen
Und wir werden andre nicht erkaufen
Diese Nacht der bräutlichen Gewalten

Wie die Strahlen in den Fenstern raufen
Silbern schwirrt die Schwinge durch die Spalten
Meines Hauses Hof verging zum kalten
Mondenhofe mit den roten Traufen

Von Gestirn die diese Nacht kristallten
Stuben darf ich sieben nicht durchlaufen
Wo Planeten ihre Wache halten

Und sie werden mit dem Strahle taufen
Meine Stirne der in Schlafes Walten
Er entfacht ward jäh wie Fächerfalten.

43

Hat nicht ein Schatten ewigen Bestand
Wenn nur die Sonne ewig scheinen wollte
Daß sie am Himmelszelt hernieder rollte
Macht daß der Schatten in der Nacht verschwand

Doch hat in meiner Nacht ein zweiter Brand
Ein Sonnenball der nicht versinken sollte
Sich aufgehoben und die drinnen grollte
Verzweiflung gab ihm einen Flammenrand

Die neue Sonne ist mein ewiges Denken
Gedanken Strahlen die zur Erde lenken
Und ausgestreut sind im geheimsten Ringe

Das All erscheint in ihrem Licht geringe
Doch wunderbar um Götter draus zu tränken
Bist du der Schatte dieser nichtgen Dinge.

44

Der noch in gesenkten Götterhänden
Brennt der Stern der dich zum Sterben rief
Zielet mir ins liebste Leben tief
Schnelle Pfeile die mich heil entwenden

Was die wache Seele irr durchlief
Ward schon reiner Schein aus meinen Lenden
Mir entströmt mein Atem ein Verschwenden
Und mein Schatten steht im Abend schief

Weil sich tausend Arme nach ihm strecken
Ach die Seele sucht den schwarzen Sammet
Des Vergangnen flüchtend ganz zu decken

Ja mein Dasein steht im Schlaf entflammet
Alle Träume starren von Gefahren
Und nur du bist traumlos zu gewahren.

45

Meine Seele was suchest du immer den Schönen?
Lange ist er schon tot und die rollende Welt ist
Ihrer Umdrehung gefolgt daß nun keiner den Held mißt
Meine Seele was suchest du immer den Schönen?

Warum erweckst du o Herr mich mit Weinen und Stöhnen?
Ach ich suchte den Schlaf und von Klagen entstellt ist
Meine Verlassenheit der du Verlaßner gesellt bist
Warum erweckst du o Herr mich mit Weinen und Stöhnen?

Also hielt eines Nachts ich Zwiesprach im Herzen
Und verstummte beschämt entschlossen zu schweigen
Meiner Seele nicht mehr meine Trauer zu zeigen

Nicht mir zum Trost sie zu wecken in meinen Schmerzen

Aber siehe sie ließ auch dem schlafenden Munde
entsteigen
Trauriger Lieder viel Ihre Tränen entbrannten wie
Kerzen.

46

Es ist der Herrscher Tod der Lust vertauschet
Daß rote Fahne weht in Not gehißt
Vom Boot der Liebe das zu später Frist
Die Stürme stürzen Nacht in Wogen rauschet

Die Sinkenden einwiegt sein Singen wißt
Wie eure Fahrt vom Tode war belauschet
Ich bin und war der euer Segel bauschet
Und Finsternis und Licht aus Wolken gießt

Der euch im reineren Zenite wies
Den Stern von schwesterlichem Los und Glauben
Die welkenden Gefühle überdies

Aus eurem Kranze las und Flug der Tauben
Um eure Stirne senkt zum Meeresbade
Und salbte euren schmalen Mund mit Gnade.

47

Solange Nacht das Dunkel hält gebreitet
Für Tier und Mensch die schläfert es im Räume
Netzt unser Lager Feuer aus dem Traume
Der in dem Herz der toten Freundin streitet

Vor Dämmer während in dem breiten Baume
Der Vogel ruft der scheu den Tag geleitet
Der Schatten in den langen Gräsern gleitet
Umkränzet Glut das Grab am schwarzen Saume

Der Morgen wendet sich auf dieser Stätte
Zur Nacht zurück die kühle Winde sendet
Der Nachmittag verbirgt im Rasenbette

Sich vor dem Strahle welcher feindlich blendet
Und als es Mittag war hat mit den Stunden
Sich all sein Licht in ihrem Grab gefunden.

48

Wie stürzt Erinnern aus verlaßnem Tann
Zur Ruh im Lethestrom unstillbar drängend
Die junge Flut durch jähe Schlüfte zwängend
Im engen Tale das ihr Lust entsann

Die Finsternis mit ihrer Gischt besprengend
Da späte Sonne hinterm Fels entrann
Und schweren Schlaf im Nebelmeer gewann
Herz unermeßlich überm Grunde hängend

Doch harret die sich nimmermehr betrübt
An der Vergängnis stetigen Gesetzen
Und die den Abendgang am Strand geübt

Wo blaue Wellen ihre Füße netzen
Aufblickt verweilend aus der steten Bahn
Mit letztem Sinn dem Freunde zugetan.

49

Das war ich wüßt es wohl die letzte Fahrt
Auf lichten Wellen haschte noch der Wind
Mich schläferte ich fühle nur gelind
Mich an euch lehnen deren Gegenwart

Mir aufgetan jedoch verwandelt ward
Zum schwarzen Scheine aus erschloßnem Spind
Das ist mein Traum Gestalt gewinnt
Das Kommende Ihr seid in mir verwahrt

Wie eures Geistes himmlisches Gesind
Entfaltet nach der Spiegelbilder Art
Sich ewiglich einander so gepaart

Wie Dichter sich im eignen Lied besinnt
Muß es geschehen daß ihr bald erfahrt
Wie Ewigkeit der Lieb gesonnen zart.

50

Das brennende Gedenken beugte nah
Sich auf den Bram der Zeit um Kühlung neigend
Doch der in seinem Spiegel wiederzeigend
Wies ihn allein und gleiches Leid geschah

So Nacht wie Tag daß gramverzehrt und schweigend
Sehnsucht verblieb die ihn im Fieber sah
Bis tröstend er mit der Gewährung ›Ja‹
Und der Vergebung stumme Hymne zeigend

Die Bilder all entführte und die Zeichen
Befreiter Blick trat in den Wendekreis
Der hohen Trauer wo sich aus den bleichen

Wintern errichtete das neue Reis
In dessen Kelchen schlummerten die Samen
Kommender Kinder aus gelobtem Namen.

51

Wie karg die Maße der gehäuften Klagen
Wie unerbittlich das Sonett mich bindet
Auf welchem Weg die Seele zu ihm findet
Von alledem will ich ein Gleichnis sagen

Die beiden Strophen die mich abwärts tragen
Sind jener Gang der im Gestein sich windet
In welchem Orpheus' Suchen fast erblindet
Es ist die Lichtung hier des Hades Tagen

Wie dringend er Eurydike erbat
Wie warnend Plutos sie ihm gab anheim
Wird nicht bedeutet von dem kürzern Pfad

Sind Zeugnis die Terzinen doch geheim
Bleibt wie sie unsichtbar ihm Folge tat
Bis sie sein Blick verscheucht der letzte Reim.

52

In aller Schönheit liegt geheime Trauer
Undeutlich nämlich bleibt sie immerdar
Zwiefach und zwiefach unenträtselbar
Sich selbst verhüllt und dunkel dem Beschauer

Sie gleicht nicht Lebenden in ihrer Dauer
Kein Lebender nimmt sie im Letzten wahr
An ihr bleibt Schein wie Tau und Wind im Haar
Je näher nahgerückt je ungenauer

Sie steht wie Helena im Dämmerlicht
Der beiden Welten Sprache taugt ihr nicht
Es sei denn blendend ihr Geflecht zu trennen

Doch war es deiner Schönheit nicht gegeben
Als offner Tod aus deinem Jugendleben
Zu wachsen und sich selber zu benennen?

53

Es ist ein Kahn mit solcher Fracht
Wie noch kein Schiff sie jemals trug
Es steht der Name Herz am Bug
Wohin er wohl die Reise macht?

Barre von Gedächtnis sind die Tracht
Darüber Teppiche genug
Gesträhnter Sehnsucht und ein Krug
Von Tränenerz aus Mitternacht

Du siehst auf diesem großen Kahn
Nicht Segel Mast noch Steuermann
Kein andrer kreuzt in den Bereichen

Ihn wirft die Woge hin und her
Von seiner Fahrt verbleibt kein Zeichen
Und seine Fracht verfällt dem Meer.

54

Wie soll ich messen diese Einsamkeit?
Erteilte Schmerz mir noch die alten Stöße
So deckten sie einander ihre Blöße
Der namenlose Rhythmus war ihr Kleid

Nun aber leide ich die nackte Zeit
Mit einem Gang auf dem ich nichts verflöße
Verfährt mein innrer Strom in seiner Größe
Nicht weint das Herz mehr ob der Mund auch schreit

Wann ist ein Neujahr meiner Leiden da
Und wann bin ich der Trauer wieder nah
Nach der ich in ertaubten Tagen darbe

Ach wann erglüht in ihrer schwarzen Farbe
Am Haupt des Jahrs wie ich sie damals sah
Des flammenden Augustes tiefe Narbe?

55

Ich bin ein Maler der aus Schatten
Das wunderbarste Bildnis malt
Und teurer seine Farben zahlt
Als andre ihre vollen satten

Wenn keiner mehr von ihren prahlt
Erglühen noch die meinen matten
Wie über schweren Grabesplatten
Ein altes Mosaik erstrahlt

Und doch steht Nacht vor meinen Augen
Von Tränen deckt sie ein Visier
Sie müssens aus dem Innern saugen

Mit sehnsuchtstrunkener Begier
Dann wird es als ein Urbild taugen
Dir selber ähnlich ähnlich mir.

56

Du hast mein Leben uns vor sieben Jahren
Ein Kind geboren Ohne Schwangerschaft
Entließest du's in engelhafter Kraft
An einem Tag voll Blut und voll Gefahren

Seit diesem Tage hält es uns in Haft
Wenn unsere Lippen allzu heiß sich paaren
Wenn wir in Spiel und Reden unfromm waren
Tritt uns vor Augen Trauer die uns straft

Warum will dieses Kind nicht andern gleichen
Oft flüchtet es vor uns gleich einem Wilde
Und Schweigen und Vergehen führt's im Schilde

Wo andere blühen muß es wachsend bleichen
Und längst entwächst es unseren Bereichen
Und nimmt nur Nahrung an von seinem Bilde.

57

Wenn du dem Rausch der Irrfahrt dich verwehrst
– Wer singt die Jahre deiner Odyssee
Dein Meer war Mißmut und dein Wind war Weh –
Und wieder Einlaß in dies Haus begehrst

Das du o Schmerz vor allen andern ehrst
Harrt dir auch drinnen weder heut noch je
Nicht Eurykleia nicht Penelope
Wenn du einst dennoch wieder zu mir kehrst

Dann denke ich wie mächtig muß es dröhnen
Beschreitest du die ausgetretnen schönen
Durch diesen alten Leib gelegten Stiegen

Und wieder: wie unhörbar und verschwiegen
Ertastest du nach den vertrauten Plänen
Den Zugang zu der Kammer meiner Tränen.

58

Wenn ich ein Lied beginne
So hält es ein
Und werd ich deiner inne
Es ist ein Schein

So wollte dich die Minne
Gering und klein
Auf daß ich dich gewinne
Mit Einsamsein

Drum bist du mir entglitten
Bis ich erfuhr
Nur fehlerlosen Bitten

Verrät Natur
Und nur entrückten Tritten
Die selige Spur.

59

Ich weiß nicht ob die Worte die dir gelten
Und die ich als geheimes Ingesinde
Manchmal im Torweg meiner Lippen finde
Auf Sohlen des Merkur sich zu mir stellten

Ob sie nicht vielmehr aus den innern Welten
Verjährter Fron entlediget geschwinde
Auffuhren für Prophetische und Blinde
Durch Schachte die sich vormals nicht erhellten

Drum weiß ich nicht: bewege ich mit Beten
Die Unerbittlichen zu mir zu treten –
Sie gehn und kommen mit Gelegenheiten

Entbiet ich alle Tage lang mein Rufen
Zu ihnen nieder über Sturz und Stufen –
Sie hören nur auf deines Bluts Gezeiten.

60

Gibst du mir nachts ein Lied an dich ein
Wollt im Erwachen
Ich ihm Worte von denen leihn
Welche wir sprachen

Wenn wir die süßen im Abendschein
Früchtegleich brachen
Weckte in unseren Blicken der Wein
Zögerndes Lachen

Ihrer keines mehr neiget sich je
Und ich erlerne
Nur ein unerschöpfliches Weh

Faßt als Zisterne
Nun im Widerschein der Idee
Früchte und Sterne.

61

Verschwiegner Laut alleiniges Gewand
Das Abgeschiednen unverweslich bleibt
Und unverlierbar Name einverleibt
Sind sie in dich durch ihren neuen Stand

Vollkommne Wehr die keinem sich verschreibt
Den noch ein Schauer an das Leben bannt
Stahlblauer Panzer über dessen Wand
Vergangenes in Spiegelbildern treibt

Es sind mit dir die Schönen angetan
Damit die Seelen nicht vergeblich nahn
Der Trauernden für die dein Widerschein

Die Dinge sterben läßt doch ungemein
Geheimere im Innern leben macht
Erhabner Name starre Totentracht.

62

Schlägt nicht die Stunde Herz und steht im Tor
Nicht endlich der um den du lang gerungen
Der große Schmerz der Herr der tausend Zungen
Des Einlaßklage schallt so laut empor

Daß allen Herzens Kammern aufgesprungen
Die er zu seiner Wohnstatt auserkor
Und aus dem Innern im befreiten Chor
Des Freundes Stimme tritt von Leid umschlungen

Der Glocke gleich von Ewigkeit geschlagen
Und gleich dem Kranz der morgenroten Zeiten
Tönst du mein Herz in lichterfüllten Tagen

Und Stille kann dich nimmermehr geleiten
Gefäß nur bist du eines Gottessanges
Und klingend auf den Fährten deines Ganges.

63

So wie ein Fürst die unbesiegte Bahn
Ins fremde Land beschließt mit sicherm Frieden
Hast du das Leben eh du abgeschieden
Mit makelloser Hand dir untertan

Dann nahmst du – unerkannt und doch gemieden –
Von deinen Treuen die dich scheiden sahn
Des schweren Sieges leichte Palme an
Und nicht erschienst du fürder mehr hienieden

Die Heerschar ist zerstoben und vergangen
Das Land verloren was du angefangen
Wer weiß wie lang es unvollendet bleibt

Ich habe mir das Werben und das Bangen
Der höchsten Tage dauernd einverleibt
Und blieb zurück der deine Taten schreibt.

64

Wo sich die Jugend mit dem Tode krönte
Hat sich die Gruft für immer zugetan
Doch legt seitdem der späte Tag dort an
Der herwärts seine letzte Fahrt gewöhnte

Bei seiner Kunst erwacht der große Schwan
Mit hellem Schrei in gelle Frühe tönte
Strömender Mitternächte Leid versöhnte
Als er sich aufhob und auf seiner Bahn

Des Todesschlummers Regenbogen spannte
Von Horizont zu fernsten Horizonten
Darunter sich im Traum der Schläfer wandte

Erflehend ihn indes die nachtbesonnten
Gefilde ließ und schnelle niederlenkte
Der Schwan zum Hügel den der Tau besprengte.

65

Das Jagen hoch im Blauen will ermatten
Vom Flügelschlage also sinket müd
Der Schmetterlinge Paar wo Thymian blüht
Die Seele flog zuvor zum Land der Schatten

Verweilst du hier o mein erstaunt Gemüt
Erinnern sucht im Tod den treuen Gatten
Dies süße Bild ist nimmer zu bestatten
Wo überm Altar noch die Träne glüht

Versagt ist mir dem Blicke zu begegnen
Der überm Morgen wie die Sonne rollt
Die Worte werden nicht mehr niederregnen

Und ihrem Schauer ferne säumt und grollt
Der Seele Anblick die Erinnern flieht
Natur allein im Bilde niederzieht.

66

O daß ich wieder diesen Ruf vernähme
Von allem was da aufgebaut zu scheiden
Ich wollte seine Stimme nicht vermeiden
Ich ließe alles ginge hin und käme

Vor jene Stimme die da will ich schäme
Mich meiner Zeit und dessen was wir leiden
Wir wurden schmachvoll und gemein bescheiden
Nichts Edles blieb das unsre Not verbräme

Und wie wir suchen und die Nacktheit wenden
Ein Licht in uns zu fangen das uns rette
Enttauchet meinen vorgehalten Händen

Erinnerung der Worte die mich senden
Als deinen Folger auf des Gottes Stätte
Und nichts was außer dem mein Leben hätte.

67

Unendlich arm geworden aller Arten
Von Liebe sind wir euch allein im Stande
Und unser Leben schwillt schon bis zum Rande
Ebbt noch einmal zurück das ist Erwarten

Noch fiel die letzte nicht der schwarzen harten
In träger Uhr verrinnt der Rest vom Sande
Ihr kennt die Stunde berget im Gewande
Der Einsamkeiten uns die fast erstarrten

Und uns läßt Sesam eingehn die wir harrten
Aus euren Lebens tief gewissem Pfande
Wir fühlen glühen rosige Standarten

Von Lilien blüht die schützende Girlande
Die Seelen die sich im Gedächtnis wahrten
Bestehn zuletzt allein die hohen zarten.

68

So reckt sein Tod wie ästiger Korallen
Purpurnen Baum im Meeresschoße loht
Um fürchtige Seele seine Arme rot
Und dem Gewaltigen ist sie verfallen

Mit bitterm Kuß der ihr Verwesung droht
Dem Dienst gelobt sie sich der herben Qualen
Ergebenheit dem herrischen Gefallen
Zum letzten Lohne wählt die letzte Not

Vermessen im verzweifelten Gelage
Bei wüsten Zeiten stiller Lust gedenkend
Den Lethebecher schlürft der trüben Tage

Wie Ewigkeit mit heitern Händen schenkend
Der Seele spendet und das Erbe teilt
Einfalt der Weigernden lebt unverweilt.

69

Ihr hieltet eure Hände nur gewandt
Ins endliche Verstummen ungemein
Habt ihr gedient um euer Einsamsein
Aus großer Liebe zu dem letzten Land

So früh am Orte wart ihr längst allein
Des Geistes Blume nickt euch zu verwandt
Die Früchte fallen in die leichte Hand
In eure Wangen schmiegen Winde ein

Der ewge Reigen an der Wolken Wand
Gewahrte nicht Geschwister unterm Rain
Bis heimlich euch entglitten das Gewand

Aus euer beider Blöße brach ein Schein
Vor dem der Schleier ihren Sinnen schwand
Und Freundschaft stand im Aug wie Amarant.

70

Fortan vor meinem Fuß der Herold geht
Erfüllt mit immer gleichem Ruf die Runde
Die Ewigkeit er singt und singt die Stunde
Wie Orgel süß wie Stürme schneidend weht

Und er tut kund daß jeder Schmerz gesunde
Sich selbst erkennend trete zum Gebet
Daß über jedem Grabe blüht ein Beet
Und daß sich öffne eure alte Wunde

Sein Lied macht wohl die Weite scheu und leer
Die Wolken fliehen fort vor solchem Bläser
Doch folget dem ein unsichtbares Heer

Verwandtes Leid umsteht ihn hoch wie Gräser
Und wendet seine Häupter zu dem einen
Im Brudergeiste weckt und stillt das Weinen.

71

Ach alle Morgen die uns je erschrecken
Mit seinem Namen welcher heimberuft
Sind inniger erfüllt als Ambraduft
Es irrt die Seele aus den Nachtverstecken

Empor zu ihm wie zaghaft aus der Gruft
Nach Worten der Verheißung aus den Hecken
Die Hände sich der Auferstehnden strecken
Bläst einst der Himmlische aus reiner Luft

So läßt sein Name unsern Tag beginnen
Bestürzten wie am nahenden Gericht
Wann saget an steht Abend auf den Zinnen

Verkündend Finsternis verlöschend Licht
Und es erhebt auf daß wir ihn ermessen
Unendlichkeit ihr schweigendes Vergessen.

72

Also geschah mir diese Nacht im Traum:
Glücklos doch ledig meiner alten Trauer
Erging ich mich im Schwarme ungenauer
Verlarvter Schemen und gewahrte kaum

Wie meinen Schritt behinderte der Saum
Des leichtesten Gewebes dessen blauer
Behang umflorte nahe einer Mauer
Ein Bildwerk das da aufwuchs wie ein Baum

Und wie ein Trümmerstück aus wachen Tagen
Schien jene Form im Traume aufzuragen
Sie schenkte meiner Schwermut das Vertrauen

Das weite Tuch von ihr zurückzuschlagen
Da stand der Leib der blendendsten der Frauen
Und war in schwarzen Marmor ausgehauen.

73

Vom Weine schütteten die erste Neige
Die Griechen ehe sie zum Mahl sich legten
Dem Gotte hin den sie damit bewegten
Daß Speis und Trank sich ihnen wohl erzeige

Wenn ich am Morgen von dem Lager steige
Wo in der langen Nacht die eingehegten
Gefühle und Gedanken sich nicht regten
Bring ich ein Opfer auch das ich verschweige –

Doch wo die Worte schwesterlich sich ranken
Darf ich es wagen davon auch zu künden:
Von dem Pokal der innigen Gedanken

Wo bis zum Rande sich die Tropfen ründen
Verschütte ich den Überfluß den schwanken
Von meinem Mund an seine Statt zu münden.

IV

Zum 6ten Januar 1922

Wie heißt der Gast daß ob er auch versehrt
Der Herrin Haus und Trübsal ihr beschert
Sich dessen Pforte dennoch so geschwind
Ihm auf tut wie ein leichtes Tor dem Wind?

Sein Nam ist Zwietracht welche wiederkehrt
Wiewohl sie Tisch und Kammern längst geleert
Der Seele bleibt ihr dreifach Ingesind
Nun einzig treu: Schlaf Tränen und das Kind

Doch jeden Tages schwerterblanke Garbe
Schlägt der Erwachenden die alte Narbe
Und eh sie Trost in neuen Schlummer wiegt

Ist ihr der Quell der Tränen längst versiegt
Allein des Kindes Lächeln seine Sitten
Vermögen Hoffnung in ihr Haus zu bitten.

In trüben Gedanken

Was ich erwogen will sich nun vollenden
Und wolle Gott es sei noch nicht zu spät
Daß die verhohlne Hoffnung mir gerät
So bring ich sie mit allen ihren Bränden

Vor dich: die Angst Auf meines Herzens Händen
Sie sind mit Schrund und Narben übersät
Hätt ich so lange nach dir ausgespäht
Wenn sie nicht dennoch in die deinen fänden?

Du aber wisse mich bereit zum Tausch
Dem mächtigen der jeder Angst gebot:
Ich suche die Genesung und den Rausch

Drum nehme ich aus deiner Hand die Not
Damit das Leben das wir beide teilen
Bewogen sei hienieden zu verweilen.

Vergängnis

Daß du vor andern die Gestalt verehrt
Die du vor andern schön bist ist mir kund
Und dennoch höre es durch meinen Mund
Was uns der Abend da wir schieden lehrt

Am Horizont versank das volle Rund
Von dem wir uns verweilend abgekehrt
Dann traf mein Blick von deinem nah beschwert
Den unermeßlich goldnen Himmelsgrund

Der Glast der Sonne hatte sich verloren
Verwobnes Licht erfüllte ihn noch lange
Da habe ich dein Bild in mir beschworen

Und sieh es stand in ewigem Untergange
Und flammte aus den tausend stumpfen Gluten
Der Augen die noch eben auf mir ruhten.

Zu den Vorigen ein Neues

Nicht arm vor dich zu treten – so bescheiden
So reich vor deinem Blicke zu bestehn
Das wollten jene Jahre sich erflehn
In denen Sehnsucht vorgab dich zu meiden

Muß ich tagtäglich herrlicher dich sehn –
Mich soll Entfernung um so schöner kleiden
Ins Wort der Liebe darf ich als in seiden-
Und goldene Gewandung übergehn

Doch Schönheit kennt Genüge – nicht die Lust
Die ich an dir mit tausend Fibern nehme
Lied quillt und Träne aus derselben Brust

Die ihrer Fülle sich als Mangel schäme
Und schließt das Lied – die Fülle der Sonette
Befriediget kein Kranz und keine Kette.

Sonett in der Nacht

Andere Nacht du der Liebe Verlassenheit
Welche der Einsame stets zu vertauschen sich sehnt
Mit jener flüchtigeren die Erfüllung verleiht
Du auch bist mit dem Licht eines Sternes belehnt

Liebenden bleibt er vor Venus immer geweiht
Wenn sich das trostlose Herz nach dem tröstenden dehnt
Ziehet der Mächtige auf der die schwindende Zeit
Wachsend ihnen ermißt nach Jahr und Jahrzehnt

Und er strahlte auch mir aus trübem verfinsterndem Grame
Aber der Liebenden Mond der Geliebtesten Name
Nimmer wollte der goldene dennoch sich runden

Wenn er sein milderes Licht in unzähligen Stunden
Auf mein Antlitz geworfen doch über ein Kleines
Strahlet ihn Jula das deinige voller in meines.

Erweckung

Du schliefest in der Gemme eine Braut
Vor irdischen Begegnungen gefeit
Und wahrtest einen Atem Ewigkeit
In deinem Busen den kein Kuß betaut

Dich Weiberschaffen die als Gott gebaut
Hielt Lust in Banden schon fürs Grab bereit
In tausend Händen dennoch unentweiht
Uraltes Erbstück bist du mir vertraut

Wenn ich im Lied so tiefen Schlummer störe
Geschieht es nur weil ich dir bessern spende
Den süßen Schlaf Lebendiger der am Ende

Der Nächte ist die ich für uns beschwöre
In welchen die Berührung ihrer Hände
Den Ruhenden sich kund tut wie zwei Chöre.